Liza bonita y su amiga la estrella

EN EL COLEGIO

Liza bonita y su amiga
la estrella en el colegio

© del texto: Alfonso Romero Gallego
© de las ilustraciones: Laliver
© del diseño y corrección: Equipo BABIDI-BÚ

© de esta edición:
Editorial BABIDI-BÚ, 2024
Avda. San Francisco Javier, 9, 6ª, 23
Edificio Sevilla 2
41018 - SEVILLA
Tlfn: 912.665.684
info@babidibulibros.com
www.babidibulibros.com

Impreso en España
Primera edición: julio, 2024

ISBN: 978-84-10329-02-7
Depósito Legal: SE 1376-2024

★ Alfonso Romero Gallego ★

Liza bonita y su amiga la estrella
EN EL COLEGIO

Ilustrado por Laliver

Han pasado muchos años desde que Liza bonita conoció a su amiga, la maravillosa estrella. Y en todo este tiempo han ocurrido muchas cosas. Liza se casó con John y tuvieron gemelos: Estrella y John Junior.

John terminó medicina y se especializó en pediatría, y Liza bonita se licenció en Filología Hispánica; aprobó las oposiciones para dar clases en un colegio de Primaria y Secundaria. Daba clases a niños de 11 años. La mayoría de los estudiantes pertenecían a familias migrantes.

Estrella y John tenían 10 años e iban al mismo colegio donde daba clases su madre; a la que veían en el recreo, puesto que tenían a otro profesor.

Durante todo este tiempo transcurrido, la estrella mágica visitaba a Liza bonita varias veces al año, y soñaban con conseguir un mundo lleno de paz y de amistad entre todos los pueblos de nuestro planeta.

Algunas veces, Liza le pedía a la estrella que visitara algún país concreto en el que había guerra para que ayudara a las personas que más sufrían.

Y cada vez que la estrella se despedía, mandaba rayos de energía a Liza bonita para que tuviera la fuerza necesaria para hacer cosas buenas y mágicas por las personas que más lo necesitaran y que estuvieran cerca de ella.

Liza bonita y John crearon, con el apoyo de las amigas y de los amigos de la infancia, una ONG, llamada «Niños por la vida». Organización humanitaria que presidía Liza y que estaba dedicada a ayudar a los niños y a las niñas de cualquier lugar de nuestro mundo que lo necesitaran. Sus proyectos eran modestos, pero importantes para quienes recibían la ayuda, sin importarles el país de origen.

La estrella maravillosa consiguió unir a muchas personas para poder hacer el bien. Creaba la amistad dibujando sonrisas y vida en el rostro de las personas.

«Niños por la vida» estaba destinada a hacer cosas mágicas, dando ejemplo a la humanidad y demostrando que, si las personas nos unimos, podremos conseguir grandes logros.

La magia de la estrella estaba caminando por todo el universo desde el sentimiento de las personas solidarias. Había comenzado un mundo más justo y mejor; con más alimentos, con medicinas, con más amor, con sonrisas, con vida...

En la clase de la seño Liza, que así la llamaban, sus alumnos le preguntaban con insistencia sobre las aventuras que había vivido con la estrella maravillosa. Pero Liza no contaba sus aventuras; y sí conseguía que cada día de clase fuese positivo para todas las niñas y niños a los que enseñaba. Con una gran pedagogía, les iba inculcando muchas ideas para fortalecer los valores humanos con los que deberían de vivir cada momento de sus vidas.

Liza daba sus clases de forma amena y enseñando a sus alumnos a saber comportarse de forma honesta y humana con todas las personas.

En clase de Liza había niños y niñas de muchas nacionalidades que habían migrado con sus padres a España. Y otros que habían nacido aquí, pero sin olvidar las raíces de allí. Por lo que había que insistir mucho en el hecho de que era importante no olvidar la historia o las costumbres de sus orígenes. Pero también que era necesario respetar las normas de convivencia del país donde residían. Y esta no era tarea fácil.

Por el origen de algunos niños y niñas, ciertos compañeras o compañeros no tenían una conducta honesta y respetuosa hacia ellos.

Fatna era una niña africana que llegó a España siendo una bebé, y lo hizo en patera, con sus padres y su hermano Mustafá que tenía tres años más que ella.

Fatna comenzó a tener problemas con dos alumnos de la misma edad y de otra clase. Juan y Antonio, que eran muy corpulentos, y que se comportaban muy agresivos con sus compañeros. Un día, en el recreo, se acercaron a Fatna y comenzaron a insultarla y a menospreciarla. No la respetaban y le decían que pertenecía a una raza inferior y que, por tanto, tenía que hacer todo lo que ellos quisieran.

Fatna no comentó nada de lo que le ocurría, y el acoso se producía un día tras otro. Llegó un momento en el que su rendimiento escolar bajó bastante, y Liza lo observó muy rápido, por lo que empezó a preocuparse por su alumna. Pero Fatna negaba el tener algún problema. La profesora Liza habló con los padres de la niña, pero no entendían nada de lo que estaba ocurriendo.

Liza le pidió a su hija Estrella que en los recreos se acercara a Fatna y que hiciera amistad con ella por si tenía algún problema de integración y se pudiera encontrar muy sola. Y cuando Estrella estaba con Fatna, los dos niños acosadores no se acercaban porque sabían que Estrella era hija de una profesora.

Cuando Estrella y Fatna estaban juntas, muchas veces las acompañaba John. Y los tres consiguieron ser buenos amigos. Las notas de Fatna empezaron a mejorar, pero no alcanzaban el nivel anterior.

John se sentía muy bien en compañía de su nueva amiga, y algún fin de semana Fatna iba a merendar a casa de sus nuevos y maravillosos amigos. Los tres lo pasaban muy bien y les encantaba inventar historias en las que todo era magnífico y el mundo era un paraíso.

Pero Juan y Antonio, sabiendo que en el colegio era complicado meterse con Fatna, la

buscaban por su barrio, y cuando estaba sola, continuaban con su actitud acosadora y racista. Y esta fue la causa por la que la depresión infantil entró en la vida de una niña inocente. En la soledad, las lágrimas eran constantes y empezó a perder el apetito hasta el punto de que sus padres se preocuparon mucho y la llevaron al pediatra, que resultó ser John.

John, tras mandarle unos análisis y ver que físicamente se encontraba bien, aunque corría el riesgo de coger una anemia, decidió darle un volante para que la tratase la psicóloga infantil.

Ana, la psicóloga infantil, detectó una actitud de silencio y miedo por parte de Fatna; pero en la tercera consulta empezó a ganarse su confianza, y poco a poco iba descubriendo la causa del miedo, hasta que un día le confesó el acoso al que se veía sometida por dos niños, que no quiso decir quiénes eran ni dónde estudiaban.

Luis era el hermano de Antonio; tenía 15 años y pertenecía a un grupo de jóvenes violentos. Un grupo que se consideraba superior y ejercía el racismo contra toda persona que tuviese una piel diferente a ellos. Y al mismo tiempo, eran homófobos y acosaban a personas con tendencias homosexuales.

La sociedad que les tocaba vivir a Fatna, a Estrella y a Mustafá estaba convirtiéndose en una jungla peligrosa, donde la violencia y la desigualdad entre personas iba creciendo con el paso del tiempo. Las personas del grupo de amigas y amigos de la ONG «Niños por la vida» se encontraban con muchas dificultades para poder combatir las diferencias sociales existentes y conseguir unas relaciones plenas de justicia social. La tarea era complicada, pero Liza, John, Marta y Javier ¡no tirarían nunca la toalla! Y además sabían que siempre tendrían a su lado a su maravillosa amiga la estrella.

Los días iban transcurriendo, y las cosas no cambiaban para Fatna. Los insultos no paraban, llegaban los empujones, y esto hacía posible el hecho de que Fatna estuviese sometida a un mundo de miedos constantes, por lo que le horrorizaba encontrarse con Juan o con Antonio.

Una tarde, Fatna bajó a comprar leche en la tienda que había cerca de su casa y se encontró con sus acosadores. Cuando los vio quiso correr, pero le cortaron el paso y comenzaron a insultarla.

—¿Dónde vas, negra?, nos vas a acompañar porque queremos jugar contigo y ver si eres una mujer o no. Y harás lo que te digamos. Tú vas a ser nuestra muñeca y nos vamos a divertir con tu cuerpo. Ven, que te voy a besar —le gritaba Antonio mientras que se reía en compañía de su amigo Juan.

—Dejadme tranquila, que yo no os he hecho nada para que me tratéis así —gritaba Fatna entre sollozos. Y empujando a Juan, pudo salir corriendo y entrar rápido en la tienda.

Al entrar en la tienda, Fatna se secaba las lágrimas. Tenía miedo, pero no quería contar lo que le había pasado. Sin embargo, Pedro, el tendero, se dio cuenta de que algo le había pasado, y le preguntó que si tenía algún problema. —No, Pedro, no me pasa nada. Es que he tropezado y me he hecho daño —contestó Fatna.

—Bueno, bueno, pero si te pasa algo, me lo dices, ¿vale? Y dime también qué necesitas —insistió Pedro.

Fatna compró la leche y volvió con mucho miedo, por si se encontraba de nuevo con Antonio y con Juan. Llegó a su casa y no hizo ningún comentario. Se sentó en el salón a terminar una tarea que le había mandado su seño Liza.

En el colegio, todo seguía igual. En los ratos libres, entre clases, Estrella acompañaba a Fatna, y en ocasiones también iba con ellas John. Los tres habían creado un círculo de amistad importante que compartían con otros compañeros de colegio.

El curso estaba avanzado, ya había llegado la primavera, y Liza tenía previsto un viaje a África, con un proyecto humanitario en ayuda de un colegio de huérfanos. Iba a aprovechar una «semana blanca», por lo que no habría clases. John tenía que seguir con la consulta, y los niños dispondrían de tiempo libre para desarrollar algunas actividades y hacer la tarea que les habían mandado en el colegio. Todos estaban contentos y haciendo planes para compartir los ratos libres.

Liza y John iban a visitar a su abuela Lucía. Invitaron a Fatna para pasar dos días con la abuelita, que era una persona muy divertida, y les encantaba que les contase historias de la estrella maravillosa, amiga de Liza, y también de ellos. La verdad es que la estrella es amiga de todo el mundo, o habría que decir que todas las personas llevamos una estrella dentro que nos da la luz y la energía que necesitamos para hacer cosas buenas. Pero esa energía no surge por sí sola, hay que buscarla en nuestro interior, y después saber compartirla con las demás personas.

Las vacaciones empezaron con mucha alegría entre los niños. Lo primero que han hecho ha sido visitar a la abuela Lucía. Y

se lo han pasado de maravilla. Fatna lo ha pasado chupi, y además se ha olvidado de sus acosadores y los malos momentos que le hacen pasar.

Con una sonrisa muy grande, vuelven a casa, y Fatna le cuenta a sus padres y a su hermano Mustafá lo bien que lo ha pasado y lo buena y simpática que es la abuela de Estrella.

Y a unos miles de kilómetros se encontraba Liza con Marta y Javier, sus amigos y compañeros de la ONG «Niños por la vida». Era el tercer día en un país del centro de África, donde había un conflicto permanente y la violencia era una constante. En el colegio al que fueron, estaban todas las niñas y todos los niños muy contentos. Les habían llevado medicinas, alimentos, algo de ropa, libros infantiles y mucho amor.

Los tres cooperantes, estaban en el centro de la ciudad con un grupo de alumnos e iban a visitar un museo. Cuando salían del centro de arte, se encontraron con un gran desconcierto en la calle, pues se habían escuchado unos tiros. Ante esta situación, Liza reaccionó muy rápido y se apartaron del lugar donde creía que había un mayor peligro. Entonces, Liza se dio cuenta de que faltan dos niñas, y les dijo a Marta y a Javier que continuaran ellos, porque tenía que volver a buscar a las dos niñas perdidas.

Cuando Liza llegó a la plaza donde creía que se han quedado las niñas, vio a su alrededor muchas personas heridas y algún muerto. De pronto vio a las niñas que estaban en una tienda mirando desde dentro a través de los cristales. El ruido era infernal y Liza les gritaba:

—No salgáis, quedaros ahí. Meteros más adentro y tiraros al suelo.

Pero Liza estaba a unos cincuenta metros, y el ruido impedía que las niñas la escucharan. Entonces vio cómo las niñas estaban en la puerta de la tienda, y echando a correr, les indicó con la mano que no siguieran, pero sus gritos no los escuchan. En ese instante, se empezó a oír más explosiones, y la carrera de Liza se vio interrumpida cuando una moto aparcada estalla y alcanza a Liza. En ese instante, la amiga de la estrella quedó inconsciente, la sangre cubría todo su cuerpo y se podía ver cómo su pierna derecha estaba totalmente destrozada, pues había sido arrancada del cuerpo desde la rodilla.

Las niñas, al ver este suceso, quisieron correr hacia Liza mientras decían:

—Es Liza, es Liza. Está herida...

Pero unas personas mayores se acercaron y les dijeron:

—Tranquilas, no podéis salir, es muy peligroso, y vuestra amiga seguro que está bien —Las querían tranquilizar, aunque eran conscientes de la gravedad de los hechos.

Liza seguía inconsciente en el suelo. Y ante el horror del momento, una luz muy brillante destacó sobre la luminosidad del día; era la estrella amiga de Liza, que le enviaba su energía. Y en ese instante ella recuperó el conocimiento y observó que tenía como una especie de torniquete que impedía que se desangrase.

Entonces miró hacia arriba, vio a su amiga, y con una sonrisa rota le dijo:

—Hola, estrella, amiga mía, gracias por tu ayuda. Intenta ayudar a otras personas que están peor que yo.

La estrella, con su energía, hizo de médica y pudo ayudar a muchas personas. Y mientras tanto, las niñas lloraban de miedo y estaban muy preocupadas de lo que le podía haber pasado a Liza.

Todo se iba calmando poco a poco. Ya había muchos sanitarios y ambulancias en la plaza. A Liza la estaba atendiendo un médico de la Media Luna Roja que la conocía.

—Hola, Liza, soy Melik. Tranquila, que te vamos a llevar al hospital. Quien te ha hecho esta cura, está muy bien. Creo que quien lo haya hecho te ha salvado la vida.

—No lo vas a creer. Ha sido mi amiga la estrella —hablaba Liza con una voz muy débil.

—Liza, creo que conociéndote y sabiendo tus historias con tu amiga, sí te creo —le respondía Melik.

En ese instante llegaron a la carrera las dos niñas:

—Liza, Liza, no te mueras, no te vayas, te queremos y te necesitamos. No te mueras —gritaban desesperadas las niñas.

—No os preocupéis por mí. Yo me pondré bien. Ahora tenéis que ir a aquella esquina —les señalaba con el dedo Liza—, y esperar un poco porque por ahí llegarán Marta o Javier, que vendrán a buscaros, y le decís que yo estoy bien —Liza hablaba con más energía; aunque sabía que estaba muy débil, tenía fuertes dolores y sabía que su pierna estaba destrozada.

A Liza la evacuaron al hospital más cercano, y como les había dicho a las niñas, Javier apareció por una esquina buscando a las tres desaparecidas. Javier se alegró de encontrar con vida a las dos niñas, e inmediatamente les preguntó por Liza.

—Está muy malita, muy malita, Javier —contestaban las niñas, que estaban muy nerviosas—, nos ha dicho que no os preocupéis, que estaba bien. Y no sabemos qué decía, pero hablaba de una estrella. Y se la han llevado al hospital. Tenemos mucho miedo y no queremos que le pase nada.

Javier tranquilizó a las niñas. Y antes de volver al colegio con los demás, miró a la plaza y veía cómo una luz rodeaba a todas las personas. En ese instante Javier murmuró: «Gracias, amiga estrella. Cuida a Liza, la necesitamos». Y dos destellos de luz surgieron desde el suelo hacia el cielo. Javier sabía que era la estrella que estaba allí.

John pudo contactar, a lo largo de la tarde, con Marta. Se había enterado del atentado a través de las noticias, y quería asegurarse de que estaban todos bien.

—John, la verdad es que sabemos que Liza está herida, pero aún no nos dejan entrar en el hospital. Esto es un caos. Hemos podido hablar con nuestro amigo Melik, que es médico de la Media Luna Roja, y nos dice que, dentro de la gravedad, él es optimista. Y es necesario que te diga que, posiblemente, perderá la pierna derecha desde la rodilla. Pero que se recuperará, y que la ve muy animosa. Y Javier dice que nuestra amiga la estrella estaba allí. Seguro que la está cuidando.

A pesar de las palabras de ánimo, John estaba muy preocupado, y les pidió que le comunicasen cualquier novedad. John, en ese instante, decidió que tenía que viajar para estar al lado de Liza. Así que empezó a hacer todas las gestiones. Pidió ayuda al Ministerio de Asuntos Exteriores, que inmediatamente comenzó con todos los preparativos para poder evacuar a España a Liza y al resto de cooperantes españoles, por el peligro que estaban pasando.

La noticia tuvo difusión nacional y, sobre todo, en la ciudad de Liza y en todo el mundo de la enseñanza. Liza era muy conocida y querida por todos. Y sabían de su inmensa humanidad.

Eran momentos de mucha intensidad y de una gran preocupación. Pero, al mismo tiempo, esta era una noticia muy normal. Día tras día, el horror y el caos se vivía en las calles de muchos países africanos y de otros lugares del mundo. La desigualdad entre pueblos era una constante. Y siempre, los que más sufren son las personas más vulnerables y pobres.

La Embajada de España en el país africano y el Ministerio de Exteriores agilizaron todos los trámites. John viajaría en un avión del ejército español que repatriaría a las personas españolas que lo necesitasen.

Al llegar, inmediatamente se dirigieron al hospital en compañía del embajador, de Marta y de Javier. Había muchos nervios. Marta había podido estar un rato con Liza y tranquilizaba a John, asegurándole que se recuperaría, aunque no le quiso comentar nada de la pierna.

Al entrar en el hospital, se dirigieron directamente a la habitación donde estaba Liza. Los médicos intentaban contarle cómo se encontraba, pero John no escuchaba nada. Al entrar en la habitación, John corrió unos metros y, llorando, abrazó fuertemente a Liza que también lloraba.

La emoción era muy grande y a John se le escuchaba decir constantemente, una sola palabra: «Liza, Liza, Liza», pero ella no hablaba. Liza se limitó a abrazar a John. Nadie decía nada y fueron unos momentos que se hicieron eternos. Los presentes se contagiaron, y algunas lágrimas rodaron por sus mejillas.

Pasados unos segundos, se escuchó una voz que de forma muy sosegada decía:

—Podéis estar tranquilos que Liza se va a recuperar. Perderá una pierna y llevará otra ortopédica. La diferencia es que no podrá correr, así que no se cansará.

Todos, incluida Liza, rieron un poco. Y continuó hablando la estrella:

—Liza, tú eres fuerte y lo vas a superar, además, a ti y a todas las personas que estáis en los proyectos humanitarios os van a necesitar en muchos lugares del mundo. Y seguro que vais a seguir haciendo una labor maravillosa —comentó la estrella mientras en el techo quedaba dibujada la sonrisa humana de la amiga del mundo.

Al ver el dibujo, Liza y John se acordaron de su infancia y cuando la estrella, con la ayuda del personal sanitario, salvó a John. Era el mismo dibujo que se reflejó en el techo de la habitación donde estaba John cuando estuvo tan malito. Dibujo que permanece en el techo de aquella habitación, y seguro que también permanecerá en este techo.

—Muchas gracias, mi maravillosa amiga. Siempre estás cuando te necesitamos. Estrella, tú sabes que te queremos mucho —contestó Liza. En ese instante hubo dos destellos y la estrella se marchó.

Liza, John, Marta y Javier se alegraron de ver y hablar con su amiga la estrella; pero el resto de las personas que estaban en la habitación no podían salir de su asombro, y Melik, el médico de la Media Luna Roja, comentó muy emocionado:

—Liza, yo creí en ti y en tu historia, pero ahora he podido comprobar que todo es cierto. Y no sé qué es lo que me ocurre, pero en estos momentos, siento que hay una gran energía dentro de mí.

—Melik, querido amigo, la estrella también la llevas tú en tu interior, y tienes la capacidad humanitaria de saber compartir toda esa energía con las personas que más lo necesitan. Yo me siento muy orgullosa de ser tu amiga. El mundo necesita muchas personas como tú —comentó Liza mientras los demás asentían con la cabeza. La generosidad de Liza se mostraba hasta en los peores momentos por los que estaba pasando.

Los trámites se agilizaron mucho y todo estaba preparado para el regreso a casa. Cuando iban a embarcar, Marta y Javier se acercaron a Liza y le dijeron que ellos se quedarían.

—Liza —decía Javier—, hemos decidido que nos vamos a quedar unos días. En España hemos conseguido que nuestras empresas nos permitan quedarnos un poco de tiempo más. Ahora nos necesitan aquí.

Todos lloraron un poco.

—Os quiero mucho, amigos míos. Y por favor, cuidaos mucho, mucho. Estoy muy orgullosa de vosotros. Pronto nos veremos en España. Dadles un beso muy grande a todos los niños del colegio, y le decís que no se preocupen por mí, que me pondré bien. Pero no le digáis nada de la pierna —Liza se despidió de sus amigos desde su camilla, dándoles un fuerte abrazo.

Liza y John, en compañía de otros ciudadanos españoles que abandonaron el país africano debido a los graves incidentes que estaban ocurriendo, aterrizaron. En el aeropuerto estaban sus hijos, la madre de Liza, los padres de John, algunas autoridades y muchas amistades; además de profesores y alumnos del colegio de Liza.

Estrella y John junior pudieron ir a la pista de aterrizaje para ver a su madre, que la esperaba una ambulancia.

El momento del encuentro de Liza con sus hijos fue muy emotivo.

—Mami, mami, ¿cómo estás? —gritaban Estrella y John cuando, llorando, se abrazaron a su madre.

—Estoy bien, hijos míos. Un poco de dolor, pero muy contenta de poder estar a vuestro lado. Y no os preocupéis porque muy pronto estaré curada —respondió Liza tratando de calmar a sus hijos—. Ahora iréis con papá, porque yo tengo que ir al hospital, y en la ambulancia solo puede ir el personal sanitario. Id a casa y mañana nos veremos, ¿vale?

—Vale, mamá, y prométeme que te vas a curar muy rápido —respondió Estrella.

—Cariño, me pondré bien rapidísimo. Ahora, id con papá a casa y portaos bien. Le decís a los abuelos que me encuentro estupendamente, y que no se preocupen, porque pronto estaré dando la lata a todo el mundo. Un besito, cariños míos.

Los niños se quedaron preocupados y tristes; aunque, en el fondo de sus sentimientos, se alegraron de ver a su mamá.

En el aeropuerto había muchas personas que se quedaron con ganas de ver a Liza. También había ido Alfredo, el padre de Liza, que hacía mucho tiempo que no se hablaban. Y entre rumores y murmullos, todas las personas que habían ido a ver a su amiga, a su compañera y a su seño Liza, se fueron marchando poco a poco con la tranquilidad de saber que estaba viva y la preocupación por su salud, aunque no corría peligro su vida.

Al día siguiente, todo el mundo quería ver a Liza, pero no era posible. Le tenían que hacer muchas pruebas para tratar que su salud fuese la mejor posible. Solo John pudo estar un rato con ella, y hasta el día siguiente por la tarde no podría tener visitas.

Los médicos comprobaron que el único daño importante era el de la perdida de la pierna por debajo de la rodilla. Y el peligro había pasado. Los sanitarios concluyeron que los doctores y las doctoras del país africano habían hecho un trabajo excelente, pues tenían la certeza de que le habían salvado la vida, y así se lo hicieron saber a Liza. La recuperación sería cuestión de tiempo. Y conociendo la fuerza de voluntad y el ánimo de la paciente, sabían que se agilizaría el plazo de tiempo para darle el alta. Consideraban que el mayor problema sería el psicológico; pero sabían que Liza era muy fuerte y tenían la esperanza de que lo superaría como la gran campeona que era.

Había órdenes estrictas de no pasar llamadas telefónicas, y a Liza no le permitieron tener el móvil. Todo ello para evitar agobios.

Cuando ya podía recibir visitas, solo permitieron que fueran algunas autoridades que estaban muy preocupadas; pues la noticia se difundió por todo el país. También permitieron la visita de los familiares más allegados. Por lo que solo pudieron estar un rato con Liza, sus hijos, sus padres, sus suegros y John. Al ver a su padre, Liza se emocionó mucho y su padre no paraba de llorar mientras se abrazaban.

—Siempre estaré a tu lado, hija mía. Perdóname por haberte tenido abandonada tanto tiempo. Te quiero... —le susurraba su padre.

—No pienses ahora en el pasado. Siempre será buen momento para volver a estar juntos. Tendremos muchas cosas que decirnos. Y yo también te quiero mucho —respondía Liza entre sollozos.

Los días iban transcurriendo y Liza estaba mejorando mucho. Por el hospital pasaron muchas personas, y en el colegio estaban deseando poder verla y abrazarla. Era una persona muy querida en la ciudad.

Pasados unos días, recibió una sorpresa que le emocionó mucho y le alegró una inmensidad. John le dijo que cerrara los ojos que había una sorpresita. Tras unos segundos, le dijo que podía abrirlos, y el momento fue excepcional: sus ojos se iluminaron y rápidamente se inundaron de lágrimas de alegría. Eran Marta y Javier que habían vuelto. En el tiempo transcurrido desde su vuelta, Liza había hablado con ellos varias veces, pero no quisieron decirle cuándo volvían para darle la sorpresa.

En ese instante, cuando los tres estaban abrazados, la estrella amiga de Liza, también hizo acto de presencia con su luz y su rostro abrazando a Liza. Era un momento irrepetible. La vida se engrandeció ante esta imagen.

—Liza, amiga mía, Marta, Javier, me alegro de poder estar con vosotros. Y tú, mi maravillosa amiga —dirigiéndose a Liza—, pronto estarás con la energía de siempre. Son muchas las personas que te necesitan y, como siempre, tú estarás al lado de todo el mundo que te necesite. Y las fuerzas que te falten, yo te las daré.

—Gracias a ti, mi maravillosa amiga. Me salvaste la vida y también la de muchas otras personas. A ti sí que te necesitamos —respondió Liza.

—Ya te dejo descansar para que te recuperes pronto. Siempre estaré cerca de ti —así se despidió la estrella.

La Semana Santa se acercaba y los doctores le dijeron a Liza que le iban a dar el alta hospitalaria. Ahora le tocaba descansar un poco e ir adaptándose a la pierna ortopédica, y tendría que hacer rehabilitación todos los días. Pero cuando los doctores le decían que tenía que descansar, sabían que eran palabras perdidas en el vacío, pues Liza no podía estar sin actividad. Se sentía muy contenta porque en casa estaría todo el día con su familia. Y también sabía que tendría muchas visitas de personas que quería ver.

Liza estaba muy pendiente de todos los niños de los proyectos humanitarios en los que interviene la ONG que preside, y también quería saber cómo había ido todo por el colegio y como estaba, especialmente, Fatna.

Entre tanto alborozo y las idas y venidas, nadie se acordaba de la pierna de Liza; y ella misma casi se olvidaba de que ahora tendría que andar con una que es ortopédica. Pero sabía que lo más importante no era su pierna, sino la vida y todos los niños del mundo, sobre todo, los más necesitados.

Ya llegaban las vacaciones de Semana Santa, y en el colegio era el último día. Todo transcurría normal y el tema más hablado era el de cuándo iba a volver la seño Liza. A la salida del cole, John se marchó para casa con unos vecinos, y Estrella y Fatna se entretuvieron un poco hablando con algunas amigas. Al quedarse solas, partieron para casa, pues Fatna iba a comer con Estrella y su familia. Cuando se habían alejado del cole, se encontraron con los malos compañeros, Juan y Antonio. Y fue este último el que empezó a insultar a Fatna:

—Negrita, tú te vas a venir conmigo y te voy a dar mucho placer. Solo vales para tener sexo.

Y rápidamente intervino Juan:

—Vale ya, Antonio. Vamos a dejarlas tranquilas, que creo que nos estamos pasando. ¡Vale ya!

—Tú eres un cobarde, mejor será que te marches a tu casita, cobardón —contestó a gritos Antonio.

Juan decidió marcharse, y su amigo continuó metiéndose con Fatna y con Estrella. Y fue Estrella la que se puso delante del acosador y le dijo:

—Si aquí hay algún cobarde, ese eres tú. Ya está bien, deja de acosar a mi amiga. Fatna es una persona como tú y como yo. Bueno, como tú no; es mucho mejor.

En ese instante, Antonio, empujó a las dos y salió a la carrera, demostrando lo cobarde y mala persona que era. Por el empujón, fue Estrella la que cayó al suelo, pero no se hizo nada.

—Gracias, amiga. Has sido muy valiente —decía Fatna abrazando a Estrella.

—He dicho lo que tenía que decir. No es justo que haya personas tan tontas que se dediquen a meterse con los demás; acosando a personas como tú, y con actitud racista. Se aprovechan de que somos niñas y no niños. No es justo y nos tenemos que unir en el colegio para que se acaben estas actitudes odiosas. Y que se unan todos los colegios. Formaremos un gran equipo para acabar con estas injusticias —concluyó Estrella.

Sin duda alguna, Estrella era el claro ejemplo de su madre. Y el futuro contaría con una gran luchadora de la igualdad entre todas las personas.

Al llegar a casa, se abrazaron todos y se dispusieron a sentarse en la mesa para comer. En ese momento, Liza les preguntó a sus hijos y a Fatna:

—¿Qué tal os ha ido el último día de clase? Ahora a disfrutar de las vacaciones; aunque tendréis que estudiar un poquito… Pero habrá tiempo para todo.

—Todo bien, mamá. Aunque ha habido un problemita al salir del cole —dijo un poco nerviosa Estrella—. Cuando veníamos para casa, nos hemos encontrado con Juan y con Antonio. Y este último ha empezado a insultar a Fatna, diciendo cosas muy desagradables. Y entonces Juan ha dicho que nos dejara tranquilas, pero como Antonio seguía insultando, él se fue. Y cuando le he dicho que nos dejara tranquilas, nos ha empujado, y a mí me ha tirado al suelo; pero no me ha pasado nada. Después se fue corriendo como un cobarde. Mamá…, de verdad creo que es peligroso y hay que hacer algo —concluyó Estrella.

—Dejad que yo me encargue. Hoy mismo hablaré con Enrique, el director. Y seguro que al volver de vacaciones se tomarán medidas. Y vosotras tenéis que contar todas las cosas que os han dicho y hecho. Y sobre todo tú, Fatna. No tengáis miedo porque estaremos a vuestro lado. Bueno, y ahora vamos a comer tranquilas, ya veréis como lo vamos a solucionar todo —las tranquilizó Liza. Pero en el fondo estaba preocupada porque sabía que era un problema muy importante.

Liza llamó esa misma tarde al director del colegio, y quedaron que a la vuelta de las vacaciones tendrían que abrir una investigación interna y saber cuáles son los problemas de acoso, racismo o cualquier otro que estuviese pasando y que ellos no conocían. También acordaron que sería interesante y necesario crear una comisión para poder desarrollar un programa de prevención de estos problemas, y reunirse con los demás colegios para conseguir unos protocolos encaminados a poder resolver los problemas de este tipo que surgieran en cualquier colegio.

Las vacaciones fueron maravillosas, pues todos los niños y niñas realizaron muchas actividades. Los amigos desde la infancia, con sus hijos e hijas, pasaron un fin de semana en la paya del pueblo de siempre, donde vivieron unas aventuras maravillosas y conocieron a su extraordinaria amiga, la estrella.

Ese fin de semana, los padres y las madres (todos eran socios de la ONG «Niños por la vida») estuvieron planificando los proyectos que iban a desarrollar en verano. Y a Liza le decían que tendría que descansar un poco. Pero sabían que estaban perdiendo el tiempo, porque la gran amiga de la estrella y de todos los niños del mundo no podría estar pasiva, por lo que viajaría a algún lugar donde necesitaran ayuda.

Por las noches cenaban en la terraza de su restaurante favorito. Y no dejaban de mirar hacia la mar por si veían a sus amigos: tiburón mamá y tiburón bebé. Y de vez en cuando, algún pez grande se veía nadar en el horizonte lejano de la misma mar. Entonces, todos gritaban al mismo tiempo:

—¡Ahí están nuestros amigos!

Y quién sabe si en verdad podrían ser ellos. Así que siempre los saludaban.

Antes de volver a casa para iniciar la actividad normal de cada día, la última noche vieron varios destellos de luz en el cielo, de un azul maravilloso. Y sabían que era la estrella, que los estaba acompañando.

De vuelta en casa, el primer día de clase, Liza se presentó en el colegio para ver a sus alumnos y hablar con Enrique, el director, del grave problema del acoso a Fatna. La charla fue extensa, y también se encontraba presente Clara, la jefa de estudios.

La conclusión fue que no podían permitir esos actos crueles y discriminatorios. Tendrían que abrir un expediente informativo y tomar decisiones severas si se demostraba todo lo que Liza había contado. Decidieron hablar primero con Estrella y con Fatna, en presencia de sus padres. Así que quedaron en tener estas entrevistas en la tarde del día siguiente.

Un miércoles a las 17:00 horas llegó Fatna, acompañada de sus padres. Estrella ya estaba allí con su madre, y su padre llegó algo más tarde.

Fatna estaba algo nerviosa, pero sabía que tenía muchas amistades a su lado y también la apoyaba su familia. La entrevista se alargó durante noventa minutos. Y aunque Fatna seguía nerviosa, pudo contar todo lo que le había pasado y manifestó que tenía miedo. El director, la jefa de estudios y sus padres le dijeron que la iban a proteger y que no le pasaría nada.

Al salir vio a Estrella y corrió a abrazarse con ella. También se vio arropada por Liza y por John.

—Fatna, tienes que estar tranquila. Te vamos a apoyar todas las personas que conoces y todo el colegio. Has sido muy valiente, y ahora tienes que dejar que nosotros nos encarguemos de solucionar el problema que tienes, y así evitar el que le ocurra a más compañeras o compañeros —le dijo Liza, dándole un beso, y después se dirigió a sus padres para solidarizarse con ellos y asegurarles que todo se iba a solucionar—. Id a casa tranquilos, pues seguro que necesitáis descansar. Ha sido una tarde difícil, pero estoy convencida de que todo saldrá bien. —Y así se despidieron.

A continuación, fue Estrella la que entró con sus padres en el despacho del director. Estrella estaba más tranquila, pues confiaba mucho en sus padres, y sabía que todo se resolvería y que Fatna sería respetada.

Después de ratificar Estrella todo lo que había contado Fatna, con la voz un poco temblorosa les dijo a los presentes:

—No entiendo por qué ocurren estas cosas. Todas las personas deberíamos ser iguales, tener los mismos derechos y cumplir con las obligaciones que tengamos. No entiendo por qué no nos respetamos. Es injusto —concluyó Estrella.

Las palabras finales de Estrella fueron muy maduras, pues ese era el fruto de la educación que le daban sus padres y los valores que le enseñaban. Y lo han hecho con ella y con John junior desde que nacieron, que es cuando hay que empezar a enseñar las cosas buenas de la vida, con sus valores, sus derechos y sus libertades. Y después el colegio debe de continuar con la enseñanza de la actitud y el comportamiento de las personas en sus interrelaciones sociales y el respeto a la naturaleza, en su fauna y en su flora.

La solución a estas actitudes negativas en el colegio se había iniciado. La tarde siguiente le tocaría el turno a Antonio y a Juan con sus respectivos padres. También consideraron oportuno que los padres de Fatna le pidieran un informe a la psicóloga infantil de la niña.

Y durante la mañana en la que se reunieron Fatna y Estrella con el director, Liza pasó a ver a sus alumnos. La visita fue una fiesta; la alegría y la emoción de todos los niños y niñas fue enorme. Liza tuvo que besar y abrazar a todos sus alumnos y alumnas.

—Seño Liza, cuando vas a venir a clase, te necesitamos y te queremos mucho. La profesora Charo —que era sustituta de Liza— es muy buena, pero te echamos mucho de menos —era el comentario de toda la clase.

—Pronto vendré. Los médicos dicen que aún hay que tener paciencia. Como veis, ya camino con mi nueva pierna. Molesta un poco, pero me voy adaptando muy bien. Y tenéis que saber que yo también os echo mucho de menos y pienso todos los días en vosotros. Espero que os estéis portando bien con Charo, la nueva profesora. Y seguro que os está enseñando muchas cosas maravillosas —les contestó Liza.

Y la profesora sustituta también quiso decir algo:

—Liza, la verdad es que son un encanto y se están portando muy bien. Pero es muy complicado sustituirte, porque tú eres una verdadera institución en la enseñanza de toda la ciudad y, posiblemente, de todo el país. Creo que es cierto que te necesitan. Y aunque yo me tenga que marchar, me alegraré de que vuelvas pronto, por ellos y por ti.

Liza agradeció esas palabras y, despidiéndose, fue por otras clases para saludar a todos los alumnos. Liza sabía que era muy querida y que todo el mundo deseaba que se curase rápido y que volviera al cole.

La visita a las clases fue toda una fiesta, y Liza se emocionó mucho, sintiendo la necesidad de volver muy pronto al cole, a su cole.

Al día siguiente, Fatna y Estrella estaban muy nerviosas por si se encontraban con

Antonio y con Juan. Pero el director les dijo que estuviesen tranquilas, pues habían decidido que no fuesen esa mañana al colegio y que lo hicieran por la tarde con sus padres. Y así evitar cualquier problema que pudiera surgir al verse juntos.

Eran las 17:00 y llegó Antonio, acompañado de sus padres y de su hermano Luis. La entrevista fue muy tensa, y Antonio lo negaba todo. Luis se había quedado fuera; quería entrar, pero no se lo permitieron.

Y después del relato que Fatna y Estrella les habían contado, Antonio, de forma chulesca y despectiva, decía que todo era falso.

—Yo no me he metido con nadie. Esa niña se lo inventa todo. Alguna vez le he gastado bromas sin importancia. Solo le he dicho que era rara porque no se juntaba con todo el mundo, y que parecía de otro planeta. Y su amiga es una enterada que se cree que, porque su madre sea profesora, ella es más importante. —Y en este tono y con estas mentiras, Antonio pensaba que le iban a creer.

Los padres de Antonio apoyaban a su hijo. Y en algún momento el director le llamó la atención al padre del alumno por tener una actitud racista y xenófoba cuando dijo:

—No le pueden hacer más caso a una emigrante que viene a nuestro país a que le demos todo. No puede ser más importante.

En ese momento Enrique, el director, le refirió que no le permitía ni esas palabras ni esa actitud. Y que todos los niños y niñas eran iguales, y en ese colegio el respeto sería necesario.

Juan estaba esperando en otra sala. Entendieron que sería importante que no se viesen, y cuando terminó la entrevista con Antonio y sus padres, sobre las 18:10, fue cuando le pidieron a Juan y a sus padres que pasaran.

A Juan le informaron de todo lo que habían contado las dos niñas y la contradicción de su amigo Antonio. Los padres le pidieron a Juan que dijese la verdad.

—Cuéntale al director lo que nos has contado a tu madre y a mí —intervino Manuel, el padre de Juan.

Con lágrimas en los ojos, Juan hablaba con muchos nervios:

—Tengo miedo de Antonio y su hermano Luis, que es el jefe de una pandilla de jóvenes muy violentos. Pero todo lo que han dicho es verdad. Yo estoy peleado con Antonio, porque me he dado cuenta de lo mal que lo estábamos haciendo, y le he dicho que yo no me iba a meter con nadie más. Fatna es una niña buena que no le hace daño a nadie. Sé que me he portado mal, pero prometo que no lo volveré a hacer.

El director y la jefa de estudios llegaron al acuerdo con los padres de Juan, de que sería mejor que el resto de la semana no fuese al colegio, y también sería conveniente que no se viese con Antonio. Esta era una medida para evitar males mayores. Juan lo entendió perfectamente y, con la cabeza baja, salió del despacho, camino hacia su casa en compañía de sus padres.

También decidió la junta escolar que Antonio no fuese a clase hasta que se tomara una decisión. Pues consideraban que su presencia podría crear problemas importantes. Y cuando el director se lo comunicó en llamada telefónica al padre del alumno, la reacción fue violenta y respondió insultando y amenazando, diciéndole al director que los iba a denunciar.

Iban transcurriendo los días, mientras que la Junta directiva del colegio tomaba una decisión. Los padres de Fatna le entregaron al director el informe de Ana, la psicóloga infantil. Así que disponían de toda la información que consideraron necesaria. También estuvieron investigando a los dos acosadores, por si habían molestado a otras alumnas. Y el comentario fue unánime, eran dos compañeros agresivos y muy desagradables, que se destacaban por su mala educación. Por lo que todo estaba pendiente de una decisión que fuese justa. La directiva contaba con el asesoramiento del abogado del colegio, y también habían contactado con el juez del Tribunal de Menores que estaba muy interesado en el tema, y que colaboraría con el colegio en todo lo que fuese necesario. Y garantizaría, sobre todo, los derechos y la protección de la menor acosada.

Fatna estaba acompañada en todo momento, ya fuera en el colegio o alrededor de su casa, cuando salía a hacer cualquier cosa o cuando quedaba con compañeras o compañeros del colegio.

En la calle se hablaba de lo ocurrido en el colegio, porque era un problema que afectaba a todas las familias de la ciudad. Con el paso del tiempo, las agresiones a niñas y a adolescentes iban creciendo. Y el tema de la migración era muy preocupante, pues cada vez más el racismo iba creciendo en grupos juveniles, que ejercían la violencia con actitudes radicales. Y en muchas ocasiones, con la permisibilidad de los padres.

Por otro lado, las agresiones por temas de sexualidad iban incrementándose. Era necesaria una mayor implicación por parte de las familias; madres y padres deberían prestar más atención a las actividades de sus hijos. Las razones de esa pasividad eran muy diversas, por lo cual se hacía necesaria una concienciación en todos estos problemas sociales y su relación con la juventud.

Llegó el día esperado. La Junta Directiva decidió expulsar a Antonio y a Juan del colegio para evitar males mayores por su comportamiento. Educación los mandó a un colegio que también estaba cerca de sus casas. Se lo comunicaron a las familias y se lo explicaron detenidamente y con detalles.

También les explicaron a los padres de los dos niños que la decisión de la madre y el padre de Fatna de no denunciar a los acosadores estaría condicionada a que no molestasen más a su hija o a cualquier otro niño o niña. Y el juez de menores decidió hablar con los dos niños en presencia de sus padres. Los padres de Antonio, sabiendo que no había denuncia y que el juez no los mandaría a un centro de internamiento porque eran menores de 14 años, decidieron no asistir a la cita en el juzgado.

Sin embargo, Juan y sus padres sí fueron y aceptaron la propuesta del juez de que Juan visitara colegios para explicar el daño que se hace cuando se acosa a una compañera o a un compañero, y manifestar que estaba muy arrepentido. El juez se comprometió a hacer las gestiones necesarias para que el niño no fuera al mismo colegio que Antonio, ya que se consideraba que podría tener problemas con el que ya había dejado de ser su amigo.

Para estos dos niños comenzaba una nueva etapa de sus vidas. Para Juan sería muy positiva, y tomó una decisión acertada. Quería una nueva oportunidad. Sin embargo, el camino que tomaría Antonio era muy incierto y dejaba muchas dudas sobre la existencia de un cambio positivo en su vida.

Los padres de Fatna y Liza fueron informados de todos los actos administrativos y legales que se habían adoptado. Fatna estaría más tranquila y se tendría que recuperar psicológicamente. Pero todos eran conscientes de que debería tener mucha precaución en su vida fuera del colegio. Al menos, durante un tiempo prudencial. Y sabía que tendría el apoyo del colegio y que estaría cerca de su mejor amiga, que era Estrella.

Liza comenzó una campaña en todos los colegios de la ciudad, para unirse contra el acoso de cualquier tipo, y solidarizarse con todas las niñas y todos los niños que lo habían sufrido o lo estaban sufriendo. La concienciación de respetar a todas las personas debe de comenzar en la familia. El colegio ha de ser un apoyo a la educación y al desarrollo de los valores humanos, que tienen que comenzar a asumirse desde que se nace. Los bebés tienen una gran capacidad receptiva, y sus primeros años pueden marcar toda una vida.

A Liza la acompañaban todos los socios de la ONG «Niños por la vida» y familiares de niños afectados por la discriminación, sobre todo, en el colegio o el instituto. Y Juan empezó a adquirir un gran protagonismo porque participaba muy activamente en esta campaña. Juan explicaba lo mal que lo había hecho y el daño que había producido a otras personas. Definitivamente, Juan había sido recuperado para una sociedad basada en los valores humanos.

Liza, por fin, se incorporó al colegio a dar sus clases, y todo el mundo estaba muy contento de su vuelta. Los alumnos de su clase se despidieron con mucho cariño de Charo, la profesora que sustituyó a Liza. La vida en el colegio, aparentemente, comenzaba a vivir momentos de tranquilidad. La atención de todo el consejo escolar sobre el tema del acoso era constante y estaban vigilantes.

Fatna iba consiguiendo una estabilidad psicológica. El miedo estaba desapareciendo, aunque siempre que salía de casa iba acompañada, y participaba en todas las actividades extraescolares que podía. Un día fue al centro comercial con Robert, su compañero de colegio y vecino, también los acompañaba José. Después de hacer unas compras y de merendar, volvían a sus casas; iban riendo y gastando bromas entre ellos. Lo habían pasado muy bien, pues hacía mucho tiempo que Fatna no reía tanto.

José era vecino de Fatna, tenía 16 años y estudiaba en el instituto de Luis. Él también era acosado por el pandillero. José era encantador, pero por su circunstancia personales, recibía insultos constantes de varias personas y, en especial, de Luis. Todo era debido a su homosexualidad lo cual le hacía vivir en circunstancias muy especiales, pues se sentía diferente, aunque era consciente de que tenía que madurar mucho para saber cuál sería su futuro con respecto a su sexo. Él sabía que tenía todo el apoyo de su familia, pero aún necesitaría unos cuantos años más para tomar cualquier decisión sobre este tema.

Cuando se habían alejado del centro comercial, se dieron cuenta de que les seguían dos jóvenes que iban en moto. Eran Luis, el hermano de Antonio, y Roque; dos pandilleros muy violentos. Cuando cruzaban por una calle en la que no paseaba nadie, pararon la moto y empezaron a insultarles.

—Hola, negrita. Estarás contenta, han expulsado a mi hermano por tu culpa, y lo vas a pagar. Y qué haces con ese homosexual —refiriéndose a José, continuó insultando—, y como no se vaya, le voy a romper la cara —gritaba Luis, animado por las risas y las guasas de Roque.

José protegía con su cuerpo a Fatna y a Robert. Y les decía:

—Corred para casa.

—No, no, nos quedamos contigo. ¡Socorro, socorro! —gritaba Fatna.

—Iros, que es mejor, estos son unos salvajes. Corred, que no va a pasar nada —les decía José a sus amigos.

—A ti te voy a matar, maricón —gritaba como un loco Luis, y sacó una navaja con hoja grande y apuñaló a José.

—Roque, coge la moto, vámonos. Que se muera este asqueroso —gritaba Antonio.

Los dos pandilleros cobardes y criminales, huyeron a gran velocidad. Mientras, José estaba de rodillas con la mano en el costado, que era donde le había dado el navajazo, y le dolía bastante. En ese instante cogió el móvil con la otra mano y llamó al 112. A su lado estaban Fatna y Robert abrazándolo. Los niños lloraban, estaban muy nerviosos y tenían mucho miedo. Fatna no paraba de gritar. Las personas que estaban cerca acudieron a auxiliarlos.

—José, no te mueras, por favor —le hablaba Fatna.

José trataba de tranquilizar a sus amigos. En ese instante, llegaron dos coches de policía, y tras informarse de lo ocurrido, unos se quedaron a esperar a la ambulancia, ayudando y tranquilizándolos, sobre todo, a José. Y la otra patrulla, con los datos que dio Robert, subieron al coche para buscar a los agresores. Por radio avisaron a otros compañeros para que se unieran a la búsqueda.

Entre tanto, llegó la ambulancia y trasladaron a José rápidamente al hospital. La herida

era aparatosa porque sangraba mucho, pero no era grave; parecía que no había dañado a ningún órgano vital.

Fatna avisó a Estrella para que le contase a su madre lo que había pasado. Y al enterarse Liza, se dirigió rápido hacia el hospital. También avisaron a la familia de José.

La policía seguía buscando a los pandilleros, y cuando se enteraron del lugar donde vivían, fueron a sus casas, pero no los localizaron.

A Fatna también la tuvieron que trasladar al hospital porque tenía un fuerte ataque de ansiedad. Y tras calmarla y darle un ansiolítico, se marchó a casa en compañía de sus padres, que estaban muy preocupados. La médica de urgencias le dijo que tendría que ir al ambulatorio para que su médico la mandara a la psicóloga infantil, que era Ana.

José se tuvo que quedar en observación. Tras las pruebas realizadas y curarle, le tuvieron que aplicar doce puntos en la herida. Los médicos consideraron que era aconsejable que se quedara esa noche por si surgía alguna complicación. Pero a la mañana siguiente, le dieron el alta y solo tendría que ir al ambulatorio para la cura de la herida y que en unos diez días le quitasen los puntos.

José estaba muy preocupado por si esta herida afectaba a la operación que iban a hacerle, debido a problemas gástricos, y faltaban solo tres semanas para dicha intervención quirúrgica. Los médicos fueron muy claros en este sentido.

—José, tienes que estar tranquilo, pues la operación se desarrollará tal y como está planificada. La herida es leve y no te acarreará ninguna complicación —le manifestó uno de los médicos.

Ya estaban todos en casa, y la noticia se hizo eco en todos los medios de comunicación. José recibió llamadas de solidaridad de todos los sectores sociales, y en especial del colectivo LGTBI, que organizaron manifestaciones de repulsa y de reivindicación por todo el país. El director del instituto y otras autoridades de la ciudad lo visitaron y le dieron mucho ánimo. Él seguía con algunas molestias por causa de la herida, pero al mismo tiempo se encontraba muy fuerte psicológicamente.

Liza estaba muy pendiente de cómo evolucionaban Fatna y José. También le preocupaba la situación anímica de Robert, que se vio muy afectado por el desagradable y violento suceso.

En el Instituto de José tomaron una decisión tajante: Luis y Roque, después de analizar los hechos y toda la información que tenían, fueron expulsados del instituto, y la dirección de este se personaría como acusación particular contra los agresores. El colectivo LGTBI y los familiares de los agredidos, también, formarían parte de la acusación particular.

Luis y Roque estaban en busca y captura. La policía investigaba en el entorno de sus amigos y de otras pandillas, pero no conseguían localizarlos. Se creía que habrían huido a otra ciudad, amparados por otras bandas juveniles violentas.

Muchos colectivos sociales se involucraron en una campaña de prevención importante. La preocupación era máxima, pues podría afectar a cualquier niño o niña, así como a toda la adolescencia. Además, en esta campaña había un hecho muy significativo, y era que un niño, Juan, que había sido acosador y violento, estaba colaborando muy activamente. Una circunstancia que hacía pensar en el error que estaban cometiendo otros niños y otros jóvenes. Juan se convirtió en un ejemplo para demostrar que se puede cambiar y que se pueden recuperar a otras personas que, cuando entran en este mundo de violencia, le es complicado salir. Pero la opinión era unánime: se puede salir con la ayuda necesaria; hay que caminar hacia delante y recuperar los valores humanos perdidos.

Este curso escolar estaba siendo muy complicado; los problemas fueron muchos e importantes, y la preocupación por todos los acontecimientos era tal que se hacía necesario el buscar unas soluciones urgentes, pero no es fácil la misión. Liza tomó la iniciativa y reunió a todos los voluntarios de la ONG «Niños por la vida». Puso sobre la mesa un proyecto que involucraría a muchos colectivos de profesionales de la educación, la psicología, la seguridad, la infancia, centros sobre la igualdad, la mujer, el racismo, LGTBI, deporte, etc.

En la ONG había personas que ejercían actividades profesionales y de ocio muy diversas. Por lo que cada uno podía ponerse en contacto con los profesionales de una actividad concreta y explicarles el proyecto. De esta forma, se podría crear un equipo de trabajo cualificado para informar, educar y prevenir sobre muchos de los problemas que afectan a toda la sociedad.

El proyecto estaría desarrollándose en los colegios, los institutos, la universidad, en las grandes empresas o con reuniones de vecinos, familias, las AMPAS, etc. Con el fin de lograr una mayor eficacia.

El proyecto fue muy bien visto por todos, y decidieron ponerlo en marcha sin demora. Cada uno pondría su granito de arena y decidieron que fuese Liza la que lo coordinara todo.

Las conversaciones se iniciaron y los contactos fueron muy diversos. La iniciativa fue bien recibida por las administraciones públicas y por todos los colectivos profesionales y sociales. Y mientras todo esto ocurría, Fatna iba progresando con la psicóloga. Robert y otros compañeros y compañeras estaban superando la discriminación sufrida. Algunos también estaban recibiendo ayuda médica. Y en los colegios y en los institutos había más vigilancia y control en relación con cualquier actitud de discriminación hacia cualquier alumno.

A Luis y a Roque los seguían buscando policías de distintas ciudades, pero hasta el momento no había ninguna pista.

Por su parte, José ya se había operado y ahora estaba recuperándose. Y aunque seguía con un tratamiento médico, todo estaba saliendo muy bien, y se sentía muy contento porque sus problemas estomacales por fin iban a terminar. Recibía el apoyo de toda su familia y sus amistades, y en el instituto lo esperaban con los brazos abiertos, deseando que llegara el día de su regreso. Durante el tiempo transcurrido en su convalecencia, había recibido las clases por Internet.

Todo estaba volviendo a su cauce cuando Juan recibió una llamada de su antiguo amigo Antonio.

—Juan, Juan, escúchame. Por favor, no me cuelgues, es muy importante lo que te voy a decir.

—Vale, vale, ya te escucho —respondió Juan.

—Juan, es muy grave —continuó hablando Antonio—, mi hermano y Roque han vuelto. Y mi hermano se ha vuelto loco. Ha hablado con todos los de la pandilla y quiere matar a Mustafá, el hermano de la negrita.

—Pero eso no es posible, Antonio —se escuchó la voz temblorosa de Juan.

—Te juro que es verdad. Mi hermano ha quedado con Mustafá; le ha dicho que irá solo y que necesita hablar con él. Pero es mentira, ha mandado a la pandilla para que lo cojan y lo lleven al descampado de El Silencio, y allí lo quiere matar —contaba Antonio, muy alterado—, y además quiere que le acompañe yo… La verdad es que yo no quiero ir. Es una locura. Se está pasando. ¡Está loco!

—Antonio, y yo qué puedo hacer. Yo no voy a ir —dijo Juan.

—No te llamo para que vayas. Pero tú puedes hablar con la seño Liza y le cuentas todo. Ella sabrá qué hacer. Rápido, hazlo rápido. Tengo miedo. Ayúdame, Juan —dijo Antonio entre sollozos.

—Yo estoy al lado de la casa de la seño, y voy ahora mismo. Tú escóndete si puedes. Es lo mejor que puedes hacer —concluyó Juan de esta forma su conversación con Antonio, y a la carrera fue a la casa de la seño Liza.

Juan llamó desde el portero automático y subió. Iba muy nervioso. Y nada más entrar, gritó:

—Seño, seño… ¿Dónde está tu madre? —le preguntó a John, que le abrió la puerta.

En ese instante, apareció Liza y le dijo a Juan que se tranquilizara y que le explicase lo que pasaba. Juan, con la voz quebrada, contó su conversación con Antonio. Y de inmediato Liza decidió partir hacia el barrio de El Silencio, que era un barrio muy conflictivo y nada silencioso.

Liza le pidió a Juan que le acompañara al sitio que le habían dicho, y que cuando llegaran, que no saliera del coche. A los dos los acompañó Lucía, la madre de Liza. Pues Liza aún no se atrevía a conducir, y aprovechando que estaba en su casa, le pidió que los llevara y que tampoco saliera del coche al llegar.

—Sí, sí… Estás arreglada. No te pienso dejar sola —le respondió Lucía a su hija.

Estando en el coche, Liza llamó al 112 para explicarles todo lo que sabía, y les pidió que, por favor, avisaran a la policía, pues sabía quién era Luis.

Cuando estaban llegando, Juan vio que pasaba una moto que conducía Luis y le acompañaba su hermano Antonio.

—Ahí va, ahí va, seño. Ese es Luis y va con Antonio. Son ellos —gritó Juan.

El pandillero fugado llegó al mismo tiempo que Liza, que lo había adelantado. Al llegar había varios pandilleros que tenían atado a Mustafá, que sangraba por la nariz, pero parecía que no tenía nada grave.

Liza se interpuso entre Luis y Mustafá, retenido por los demás pandilleros. —Estás loco, ¿qué vas a hacer? ¿No te parece suficiente todo el daño que has hecho ya? —le increpó la seño a Luis.

—Este negro va a pagar por todo lo que le han hecho a mi hermano y a mí. Se tenía que haber quedado en su país —dijo Luis, cuando Antonio lo cogió y le gritó—: Luis vámonos, no hagas daño a nadie, vámonos —insistió su hermano. Y mientras lloraba, caía al suelo empujado por Luis.

—Tú cállate, que eres un cobarde. Y te daré lo tuyo a ti —gritaba violentamente Luis.

Los pandilleros iban armados con palos, hierros y alguna navaja. Entonces Luis sacó un cuchillo de grandes dimensiones de debajo de la ropa.

—Tiene que morir, tiene que morir —se oía el grito del jefe de la pandilla.

Las sirenas comenzaban a escucharse, y de forma súbita, se oyó un gran ruido y se iluminó el cielo. ¡Bravo, bravo, era la estrella que venía a ayudar a Mustafá y a Liza!

—Dejad las armas y apartaos —se oyó la voz potente de la estrella.

Y en ese instante, cuando Luis quiso agredir a Mustafá, rayos de luz ardiendo quemaron las manos de los agresores, que soltaron las armas por el calor que les produjeron los rayos enviados por la estrella. Y demostrando lo cobardes que eran, salieron corriendo a coger sus motos para huir.

Luis cogió a su hermano y, arrastrándolo, lo llevó a la moto mientras le gritaba:

—Sube, que tú te vienes conmigo. Te vas a enterar de lo que le hago a los cobardes.

Todos gritaban para que dejara a Antonio. Desataron a Mustafá y vieron que solo tenía unos golpes en la nariz y algún rasguño en los labios.

Llegaron varios coches de policía, y Liza les explicó rápidamente lo que había pasado. Se quedó una patrulla y llegó una ambulancia para asistir a Mustafá. Las demás patrullas salieron en persecución de los pandilleros. A la persecución, también se unió la policía local.

Una patrulla de policía estaba a punto de alcanzar a Luis, que se subía por la acera, poniendo en peligro a los peatones. La persecución parecía un rodaje cinematográfico, pero no, era la trágica realidad en las calles.

Cuando estaban a punto de llegar a la altura de la moto que conducía Luis, este se saltó un semáforo en rojo y fueron atropellados por una furgoneta que transitaba correctamente. El golpe fue tremendo, y en el suelo yacían los cuerpos de los dos hermanos. A Luis no se le oía. Las ruedas de la furgoneta le habían pasado por encima de la cabeza y murió en el acto. Antonio sí estaba vivo; se revolcaba de dolor, pues le pasó una rueda delantera por encima de una pierna, y también sangraba mucho por otras heridas en brazos y cara.

Al lugar del accidente llegó una ambulancia que trasladó a Antonio al hospital. Mientras, el cuerpo de Luis permanecía cubierto en el suelo, a la espera de que hicieran las diligencias oportunas.

Una persecución que terminó en tragedia y que, al mismo tiempo y con la ayuda de la estrella, impidió otra tragedia. La violencia se apoderó una vez más de las calles. El respeto por las personas y los valores humanos volvían a ser pisoteados por personas malas.

A Mustafá le dieron el alta; solo tenía unas heridas leves. Sin embargo, el diagnóstico de Antonio era de muy grave. Le practicaron una cura de brazos y cara, pero no pudieron salvar su pierna derecha, pues tuvieron que amputarla. Y en días sucesivos, fue necesario el realizar varias intervenciones quirúrgicas para salvarle la vida. Antonio tenía que permanecer en cuidados intensivos hasta conseguir ser estabilizado.

A la semana de que Antonio ingresara en el hospital, lo trasladaron a planta. Los médicos consideraron que ya no corría peligro su vida; pero aún tendría que permanecer más tiempo hospitalizado. Y debería de rehabilitar unas cuantas semanas más antes de que le dieran el alta hospitalaria.

Desde que Antonio fue trasladado a planta, Liza lo visitó muchos días y hablaron muchísimo de temas muy importantes. Liza consideraba que a Antonio se le podía recuperar y alejarlo del mal camino que había llevado hasta entonces. Él se sentía muy arrepentido de la actitud que había tenido durante mucho tiempo de su corta vida. Con la ayuda de la seño Liza, empezó a entender muchas cosas. Sabía que iba a ser complicado el cambio, pero se esforzaría para conseguirlo, sin importarle el tiempo que necesitara y los esfuerzos que tuviera que hacer.

Liza habló con Ana, la psicóloga de Fatna, y con el médico de José, que iba evolucionando muy bien de su operación y de la agresión sufrida; y psicológicamente se encontraba más fuerte. Se preocupaba por los dos para saber si estaban lo suficientemente bien para poder tener una charla con Antonio. Liza consideró que sería positivo para los tres. Y tras hablar con Fatna y con José varias veces sobre el tema, un día Antonio recibió la sorpresa de la visita de dos personas a las que había acosado, insultado y maltratado.

Al ver entrar a la niña y al adolescente acompañadas de Liza, Antonio se sintió totalmente desconcertado y no sabía qué decir.

Fatna y José lo saludaron y él se quedó mudo y llorando sin parar.

—Tranquilízate, Antonio. Hoy tienes la visita de dos personas maravillosas que te quieren decir algo muy importante, que además cambiará tu vida —le dijo Liza.

—No sé qué decir, perdonadme, lo siento mucho por todo el daño que os he hecho —balbuceaba Antonio cuando lo interrumpió José.

—De todo lo que ha pasado, tendrás que aprender muchas cosas. Y sobre todo tendrás que cambiar mucho en tu relación con todas las personas con las que tengas que tratar. Fatna y yo estamos dispuestos a perdonarte si tú nos prometes que vas a cambiar y que te vas a esforzar para ser buena persona. Liza te está ayudando mucho. Bueno, la verdad es que ayuda a todo el mundo; es la persona más buena e inteligente que he conocido. Y si nos necesitas a nosotros, estaremos a tu lado cuando nos llames. Seguro que son momentos muy difíciles para ti y que estarás sufriendo, pero con el paso del tiempo tu vida cambiará mucho, y espero que para bien —concluyó José con estas palabras, al tiempo que cogía la mano del enfermo.

Y Fatna, que asentaba con la cabeza las palabras de José, también se dirigió a él con una cara llena de bondad:

—Antonio, yo pienso como José. Hemos hablado mucho con la seño Liza y sabemos que todos tenemos que colaborar para evitar que haya acosos o maltratos. Todas las personas tenemos que caminar unidas, y seguro que la vida será más bonita.

Los tres hablaron mucho, y Liza se limitó a escuchar, pues sabía que ellos eran los protagonistas, y que ella era una simple espectadora.

Antonio le preguntó muchas cosas y, sobre todo, se interesó por la salud de los dos. También les preguntó por Juan. Y mostró mucha curiosidad por saber cómo se encontraba José.

Algunas tardes, José y Fatna, acompañados por John junior, Estrella y, alguna vez que otra, por Juan, visitaron a Antonio. El enfermo cada vez se encontraba mejor y, sobre todo, estaba recibiendo una gran ayuda y muy generosa por parte de unas personas a las que les había hecho daño. Definitivamente la vida de Antonio estaba cambiando mucho. Y ya estaba deseando de que le dieran el alta, pero aún le quedarían algunas semanas. Debería tener paciencia.

La salud física y psicológica de este gran grupo de personas, iba evolucionando de forma positiva, y mientras tanto, Liza no paraba de planificar varios proyectos en compañía de sus amistades, colegios, institutos, voluntarios de la ONG, etc. Liza empezó a planificar los proyectos de la ONG «Niños por la vida». Ella y John irían juntos a algún proyecto, pero a otros irían por separado. El primer viaje que quería hacer Liza era el de volver a África, al país en el que perdió la pierna y ganó mucha vida. Tenía mucha ilusión por estar con los niños huérfanos de su colegio en el continente hermano.

Por otro lado, estaba planificando con un grupo de trabajo lo que sería la gran concentración por la unidad y la solidaridad. La idea era la de reunirse en un pabellón, y que fuesen personas de distintas ciudades y distintas actividades, como la educación, el deporte, la mujer, colectivos como LGTBI, víctimas violencia de género, víctimas de violencia de familia, etc. Y lo fundamental sería el estar unidas todas las personas para tener siempre información ante cualquier problema de acoso, de discriminación o de violencia del tipo que fuese. Crear programas de prevención para poder conseguir una convivencia más sana y justa.

El gran protagonismo lo tendrían las personas que habían sufrido por la actitud negativa de otras, centrándose, sobre todo, en niñas, niños y adolescentes; sin olvidar a ningún otro colectivo.

Decidieron que este acto se celebraría una semana antes de las vacaciones de verano. Escogieron un sábado, en concreto el día 10 de junio. Contarían con todo el apoyo de las administraciones públicas y con los medios de comunicación. Y les ofrecieron algunas empresas importantes a nivel nacional para colaborar con los gastos.

El proyecto era muy importante. Aunque ya se podría hablar de una realidad. Liza tendría que compatibilizar todos estos proyectos con sus clases y con la actividad social y solidaria que realizaba cada semana.

Liza tomó la importante decisión de pedir una excedencia de un año para dedicarse a proyectos humanitarios en la provincia, en el país y, sobre todo, para viajar a continentes donde la pobreza y la desigualdad era lo cotidiano.

Y algunas noches, desde el balcón de su casa, Liza tenía la oportunidad de ver y charlar con su maravillosa amiga la estrella, a la que pedía que le ayudase y que le diese fuerzas

para seguir adelante. Y cada noche que hablaba con su amiga, ella la abrazaba con rayos de
luz y de energía, al tiempo que le decía:

—Mi querida, Liza tú tienes la fuerza del
sentimiento y de la inteligencia y consegui-
rás muchas cosas buenas allá por donde vayas. Tú eres la estrella de la humanidad. Tu
sentimiento y tu sabiduría crean vida constantemente.

Y siempre se despedían con una sonrisa
inmensa.

El tiempo iba pasando, y el día de la concentración por la unidad solidaria se estaba acer-
cando. Todas las personas que se encargaron
de la organización estaban muy entusiasmadas
y realizaron un gran esfuerzo; tenían que compatibilizar este proyecto con sus trabajos y con
su vida familiar. Pero todos sabían que el esfuerzo que estaban realizando merecía la pena.

El día 8 de junio le dieron el alta hospitalaria a Antonio, y al día siguiente, Juan
fue a su casa para acompañarlo a una cafe-
tería, que estaba cerca del piso, donde ha-

bía quedado con José, Fatna, Estrella, Robert, John junior, la psicóloga Ana y con Liza. Merendaron mientras que hablaban de diversos temas. Sobre todo, la conversación se centró en la salud de Antonio y en el acto del día siguiente. Y al finalizar Liza le dijo a Antonio:

—Mañana te esperamos, ya nos encargamos de recogerte. Tienes que venir, tienes que ser valiente. Te vas a alegrar.

Y abrazándolo, todos se despidieron, quedando en verse por la mañana. Aunque Antonio estaba muy temeroso y tenía dudas.

Por fin llegó el día esperado. El acto se iba a celebrar en un pabellón con capacidad para veinte mil personas, aunque se daban por satisfechos si pasaban de las diez mil. Todo comenzaría a las 11:00 horas. La gente empezó a llegar a las 09:00. Y conforme pasaba el tiempo, iban entrando más y más personas. A las 10:30 el pabellón estaba lleno hasta la bandera. Solo quedaban vacíos los asientos reservados a las autoridades, los organizadores, algunas personas invitadas y las que iban a intervenir.

Viendo que la asistencia de público los desbordó, solo tuvieron tiempo de poner unos altavoces en el exterior, y desde dependencias municipales se llevaron todas las sillas portátiles que pudieron.

Estaba previsto el proyectar algunos vídeos, la locución de personas acosadas y maltratadas; también lo harían aquellas otras personas que habían sido acosadoras y que habían sabido rectificar y pasar al lado bueno de la vida. Y como es obvio, en todos estos actos también intervendrían profesionales de distintas actividades y las autoridades de turno. Y no podía faltar el humor y la música, que estaría representada por alumnos de los colegios y los institutos de la ciudad y de otras provincias limítrofes. Habría algunas sorpresas como la que ofrecerían desde el colectivo LGTBI y, sobre todo, la actuación de una cantante de prestigio internacional, la famosísima Alia Ferr.

Todo estaba dispuesto y todo el mundo ocupaba sus asientos. El acto sería presentado por Javier, miembro de la ONG «Niños por la vida», que además era presentador de televisión. Y estaría acompañado por una niña del colegio de Fatna y por un adolescente del instituto donde estudiaba José.

El ambiente era maravilloso y había muchas pancartas para representar la provincia a la que pertenecían o con lemas solidarios. Y sobre todas las frases y todos los letreros, había uno que cubría la entrada al pabellón y que también se encontraba colgando de una esquina del techo y en la tribuna de locuciones. En él se leía: «TODAS Y TODOS SOMOS IGUALES: PERSONAS».

El acto se iba desarrollando muy bien. Hablaron primero los políticos. A estos le siguieron los profesionales de distintas actividades y profesiones. Todo ello adornado con unos vídeos maravillosos que se podían ver en varias pantallas instaladas en el pabellón. Y la línea de las locuciones estaba dirigida en la misma dirección: solidaridad, prevención, medios suficientes para informar y educar y, sobre todo, el saber caminar unidas todas las personas con actitud empática y en apoyo de todas las víctimas. Todo ello intercalado con las actuaciones programadas.

Los momentos finales fueron reservados para las víctimas y para las acosadoras y los acosadores arrepentidos. Todo el mundo lo estaba pasando de maravilla. Las actuaciones fueron espléndidas y, algunas, muy divertidas. Pero lo más emocionante y lo más emotivo estaba por llegar.

Fue Isabel, la copresentadora que era compañera de Fatna, la que anunció la intervención de Juan.

Los asistentes permanecieron en silencio ante la presencia del exacosador.

—Me llamo Juan y he sido un estúpido y una mala persona. Yo he sido acosador y he sido racista. Lo primero que quiero hacer es pediros perdón por todo el mal que he hecho. Me arrepiento y, desde hace unos meses, voy por los colegios para contar mi experiencia y poder crear así actitudes de prevención, diciéndoles a todas las personas que acosan que se están equivocando y, sobre todo, ofrecer mi solidaridad y mi apoyo a las personas que sufren o que han sufrido acoso en los colegios o en los institutos.

En ese momento, subió al escenario Fatna, y dándole un abrazo a Juan, le dijo:

—Yo te perdono.

El aplauso del público fue atronador. Juan se emocionó mucho y acortó sus palabras; pero a diferencia del silencio que recibió al subir al escenario, el aplauso fue clamoroso.

Entre tanto, John había abandonado el pabellón. Habría una gran sorpresa. Y el acto continuaba. Habló Fatna y Verónica, también lo hizo Mustafá, hermano de Fatna. Y otras personas como Verónica, que habían sido o que eran víctimas.

Estrella quería hablar, pero Liza le comentó que ellas eran espectadoras, y que hoy les tocaba hablar a otras personas.

Llegó uno de los momentos más esperados, la actuación de Alia Ferr. El pabellón parecía que se iba a derrumbar. Un momento apoteósico. Todos seguían el ritmo y bailaban desde sus asientos. Reían y lloraban de emoción. Y hubo un momento de ensueño: Alia hizo subir a José para que bailase con ella y le hiciera el coro. La energía de la estrella estaba en el pabellón. Y en los alrededores, todo el mundo de pie bailaba, cantaba y reía con gran felicidad en sus rostros.

José alucinaba, no lo podía creer. Y al terminar la actuación, Andrés, que era su compañero de estudios y amigo, fue quien le hizo la presentación. José, muy emocionado y, sobre todo, nerviosísimo. No sabía cómo empezar. Era consciente de que iba a hablar, pero en ese momento se olvidó de todo lo que iba a decir.

—Estoy nervioso y muy emocionado. —Y empezaron los aplausos y los gritos de «José, José»—. Lo primero que diré es gracias, gracias y gracias por todo el apoyo que me habéis dado y por vuestro cariño —volvían a interrumpirlo con ánimos constantes, sin que los asistentes se diesen cuenta de que sus aplausos lo ponían más nervioso—. Lo más importante que os quería decir lo he escrito en una poesía, pero no voy a poder leerla porque estoy muy emocionado, y entonces le pido a Reyes, mi profesora de literatura, que por favor os la lea. Sé que mi condición de homosexual me tiene muy confuso, por lo que tendré que reflexionar mucho y madurar durante algunos años. Estoy seguro de que vais a entender estos versos que he escrito.

Reyes subió al escenario y se limitó a la lectura de la poesía, pues no quería un protagonismo que no le correspondía, y comenzó a recitar la poesía:

MUJER. PERSONA
Ayer nací José; hoy tres suspiros de agua fina
y el viento sobre las nubes. De
nombre María.

No sé cuándo fue, quizás no había
nacido y me sentía mujer.
Y un jazmín de aire claro y azucenas.
Ayer nací José, con el alma quebrada desde
la esquina del olvido y
de ayer, me olvidé desde el recuerdo, para
ser persona.
La sombra me persigue, la luz me ciega,
y la luna me arropa con su sonrisa
templada y sus largas pestañas.
De nombre María, alma de mujer.
Dejadme que os quiera para sentirme amada.
Dejadme que sea mujer, aunque
naciese José.
Dejadme sin apartaros,
y que lluevan sentimientos y que me moje
de amor.
Sentimientos de persona, alma de mujer,
lágrimas de vida; amantes abrazados.
Dejadme que viva como el mar y la persona.
Una rosa de pétalos nacidos, con alma de
mujer.

Habiendo terminado Reyes, la euforia reinaba en todos los corazones. José emocionó a todo el público y volvieron los gritos de «José, José…y viva la madre que te parió», y de pronto y de forma improvisada, se oyó a todo el mundo como si fuera una sola voz—. Persona, Persona…

El acto estaba siendo todo un éxito. Y aún habría otra sorpresa preparada por Liza. A la madre de Estrella le llegó un mensaje, y les dijo a sus hijos, a Fatna, a José, a Mustafá y a Juan que había llegado y que se dirigieran a la puerta. En la puerta estaba esperándolos John padre, en compañía de Antonio que iba en silla de ruedas. Y se dirigieron hacia el escenario por el pasillo central. Todos los presentes reconocieron a Antonio y se hizo un gran silencio. En ese momento se levantó Liza y empezó a aplaudir; el resto del pabellón acompañó con sus aplausos a Antonio y a la escolta que le llevaba hacia una nueva vida.

Cuando estaba al lado del escenario, Liza le dio un beso y le dijo:

—Ha llegado la hora. Sube al escenario y no tengas miedo. Hoy puede ser el día más importante de tu vida.

Antonio subió por una rampa que habían instalado. Cogió el micrófono, pero no le salían las palabras. Entonces, de forma espontánea, José y Fatna subieron y se pusieron a su lado, diciéndole:

—Adelante, Antonio, lo puedes hacer.

Volvieron los aplausos por este generoso gesto, y Antonio comenzó a hablar:

—Perdón y mil veces perdón. Creo que lo mejor que me ha pasado en la vida ha sido perder una pierna y conocer a personas como la seño Liza, José y Fatna, que me han ayudado mucho y han conseguido que vea la realidad y reconozca todos los actos crueles que he hecho a mis pocos años…

Antonio siguió hablando, contó su experiencia y se comprometió a dedicar su vida a mejorar y ayudar a todas las personas que pudiera. Fueron palabras muy sinceras y emotivas, y al concluir, recibió una gran ovación.

El acto estaba llegando a su fin. Y cuando Javier estaba haciendo el resumen del acto. Pasó a agradecer la presencia de todos los asistentes, así como la labor realizada por quienes lo organizaron y los que intervinieron en este acto tan maravilloso. Y de pronto se oyó una voz que con gran sonoridad retumbó en el pabellón: «Que hable Liza, que hable la seño Liza»

Liza se tuvo que incorporar y subir al escenario. Comenzó unas palabras improvisadas:

—Hoy no me tocaba a mí. Yo no soy la protagonista, venía de espectadora y seré breve. Gracias por vuestra presencia y por vuestros esfuerzos. Estoy muy contenta porque ha sido un acto precioso, y de aquí saldrán muchos proyectos y muchas soluciones. Y muchos de vosotros habéis aprendido que las personas tenemos que estar unidas para cambiar muchas cosas negativas que hay a nuestro alrededor. Lo dice nuestro lema «TODAS Y TODOS SOMOS IGUALES. PERSONAS», y este lema no se puede

quedar en palabras vacías. Por favor, ayudad a Antonio a subir y que se ponga a mi lado, y me subís una silla.

Cuando Antonio estaba a su lado, pidió que subieran otras personas que habían organizado el acto, y los protagonistas más importantes. También se puso a su lado Alia Ferr, volvieron los aplausos y Liza pidió calma. Se sentó en la silla, se quitó la pierna ortopédica y la puso a un lado, y continuó hablando:

—Amigas y amigos, amigo Antonio, yo no necesito una pierna para sentir. Y si están vivos mis sentimientos: andaré. Antonio, amigo, tú tampoco necesitas una pierna para andar —volvieron los aplausos—, pues cuando cualquiera de vosotros necesitéis un hombre para apoyaros, lo vais a encontrar porque tenemos que estar unidas todas las personas… He oído a algunos de vosotros decir que por qué no ha venido la estrella. Y os equivocáis, sí está, sí ha venido. Está en el corazón de todas y cada una de las personas que estamos presentes. Y cuando sacamos nuestros sentimientos y los compartimos, como estamos haciendo hoy, toda esa energía es nuestra estrella y nos ayudará a crear un mundo mejor y más justo.

En ese instante, se oyó un estruendoso ruido y en el techo del pabellón se comenzó a reflejar el rostro de la estrella amiga de Liza, amiga de todo el mundo. Y toda la ciudad se iluminó con la luz maravillosa de la estrella, que con una sonrisa espléndida y con voz calmada y dulce, se dirigió a todos los asistentes. Aunque lo cierto es que también comenzó a escucharse su voz en toda la ciudad.

—Hola a todas las personas que os encontráis hoy aquí. Yo no he aparecido antes porque os tocaba hablar a vosotros y hoy era vuestro día. Yo solo vengo a saludaros y a pediros que sigáis hacia delante, y cuando os falten las fuerzas, yo estaré cerca. Algunos de vosotros habéis luchado mucho y tenéis que saber que obtendréis el fruto que os merecéis. Un fruto de salud y felicidad. La solidaridad os tiene que unir. Os voy a dejar porque estaréis cansados.

Y en ese instante, infinidad de rayos de luz, uno por cada persona que había en el pabellón y fuera del mismo, abrazaron a todas las personas y se unieron dándose las manos y fundiéndose en una sola persona, creando felicidad y asombro. Y para concluir, continuó diciendo:

—Ya lo dice el maravilloso lema que habéis elegido: «TODAS Y TODOS SOIS IGUALES. PERSONAS». Disculpad que haya cambiado una palabra de él. Y termino con tres palabras maravillosas:

«VIVA LA HUMANIDAD»